BARBARA BUKOWSKA

CHWILE ZAMYŚLENIA

WSTĘP
BEATA POŹNIAK

Projekt okładki • Fot. i opracowanie graficzne •
Cover Photo and Book Design - Rylan Pozniak Daniels

Żadna część z tej książki nie może być reprodukowana ani w żaden inny sposób powielana bez pisemnej zgody wydawcy.

No parts of this book may be reproduced in any manner without the express written consent of the copyright holder, except in the case of brief excerpts in critical reviews or articles.

ISBN-13: 978-1-7328900-0-8 (mobi/kindle)
ISBN-13: 978-1-7328900-3-9 (epub)
ISBN-13: 978-1-7328900-2-2 (pbk)

Copyright © 2019 by Beata Poźniak.
All rights reserved. Wszelkie prawa zastrzeżone.

www.DiscordiaGlobalMedia.com
All rights reserved.

Library of Congress Cataloging-in-Publication
Data Main entry under title: „Chwile zamyślenia"

CHWILE ZAMYŚLENIA

Kochanej Mojej
Beacie Poznać

Barbara Bukowska
krewniaczka

listopad 2017

Pragnę Państwu przedstawić moją krewniaczkę - Barbarę Bukowską, która, moim zdaniem, napisała jedne z najpiękniejszych wierszy, jakie kiedykolwiek przeczytałam. Ona, jak wielu z nas, nigdy nie wierzyła w swoje własne siły, w swój kreatywny talent. W jej przypadku jako pisarka, poetka, kobieta, matka... pisała po cichu tak, żeby nikt tego nie widział. Powtarzała, „piszę tak po prostu, tylko dla siebie". Kilka tygodni przed swoją niespodziewaną śmiercią, w marcu 2018 roku, Barbara podzieliła się tomikiem swoich wierszy i pisząc dedykację „Kochanej Mojej Beacie..." ze schyloną głową szepnęła: „nie wiem czy to dobre, to tylko takie sobie notatki...".

Poczułam, że łączy nas ludzki lęk, że człowiek nie zdąży wszystkiego powiedzieć, napisać, doznać czy przekazać - że życie zbyt szybko przemija. Dotknęła wrażliwej struny duszy. Jesteśmy tu na ziemi tylko przez chwilę, co zresztą Basia trafnie ujęła w swoim wierszu.... w tej jednej ze swoich chwil zamyślenia:

„My przecież tu na ziemi

Przez chwilę, w poczekalni, w sieni.

W drodze ku wieczności."

Wielu z nas odczuwa, że upływ czasu jest niezwykle bolesny, a dla niektórych osób wręcz trudny do przeżycia, bo ludzie, którzy mają dużo do powiedzenia, zawsze chcieliby coś dodać. Towarzyszy nam nieustanny niepokój, że nie zdążymy, a to, czego nie przekażemy innym, zabierzemy ze sobą jako niechciany ciężar. Czułam, że i Basia też przeżywa taki wewnętrzny konflikt i czyżby dlatego przekazała mi swoje osobiste chwile przemyślenia...?

Basia często myślała o sensie życia i jak czas prędko ucieka, że życie jednak zbyt szybko przemija. Minęło. I jak Jostein Gaarder, myślała: „ogromnie boli myśl o chwili, w której nie będzie już następnych dni."

I to, że wszyscy pędzimy, żyjemy w chaosie i zadajemy sobie bezustannie pytania: dokąd pędzimy? Dla kogo? Po co? Co udowadniamy przez to i komu? Na końcu tej szybkiej wymiany myśli, znów rodzi się inna – co jest istotą naszego życia? Cisza. Nagle nowa myśl przypiera tę ostatnią - czy można myśli zatrzymać na zawsze? Nawet kiedy nas już nie będzie?

Miłostki stanęły lata.
Co jakiś czas ktoś z bliskich odchodzi.
Zostałam prawie sama
Już nie mocna
Zębem czasu pokonana

Zostałam bez wsparcia
Wybiernie z nadzieją:
Tam? może coś życie ostudzi
Tu? jedynie w modlitwie podpora
wiarą odrodzi?

Wiara – myśl niepewna z nami;
Odchodzi i znów przychodzi...
Ona została.
Ponad czasami.

4. XI. 2015

Basi chwile – wiersze, odręcznie pisane – zainspirowane nadzieją, samotnością i ciszą czasu....

Porównam Basi nastrój myślowy do filmu eksperymentalnego, video art, który zrealizowałam na podstawie wiersza „Ludzie na moście" (ang. tłum. „People on the Bridge"). Utwór napisany został przez naszą noblistkę, Wisławę Szymborską - zainspirowany pejzażem Japończyka Hiroshige Utagawy, twórcą ukiyo-e. Istotą wiersza jest stwierdzenie, że jesteśmy uwięzieni w czasie. Dużo się niedobrego dzieje dookoła, a tu rzeczy i ludzie są jakby zaklęci w tym momencie. Panuje wielki spokój, dźwigamy swoje życie z pokorą. Wszyscy tkwią w tym obrazie..... na zawsze. Jakby zaklęci. My ludzie, tak jak ci w obrazie Utagawy, idziemy w nieskończoność mimo chwilowego charakteru dzieła sztuki. A czy nasze „myśli", pomimo tego przelotnego charakteru, powędrują w nieskończoność ? - zadaje pytanie w swoich wierszach Barbara Bukowska.

Matka mojego dziadka i ojciec autorki tomiku Barbary Bukowskiej byli rodzeństwem. Dziadek urodził się w Bukowsku, a potem chodził do szkoły i mieszkał w Sanoku. Basia wychowała się w Mrzygłodzie, też niedaleko Sanoka. Dziadek miał usposobienie romantyka i często wracał myślami do drogich jego sercu miejsc z okresu dzieciństwa. Dookoła było pełno zieleni, ulubione ścieżki nad rzeką San, niedaleko pachnąca łąka, gdzie zbierało się polne, kolorowe kwiaty. Dziewczyny z okolic robiły sobie wianki na głowę i dla zabawy puszczały je z prądem rzeki, a on robił bukiet i przynosił swojej mamie. Często opowiadał, jak pięknie pachniała przyroda dookoła domu. Basia też była romantyczna i doszukiwała się w tym pięknie czegoś nadprzyrodzonego, nadzwyczajnie nieskończonego:

„Bez słów natura przemawia.

A może tylko nas namawia,

By zamyślić się, jaka jest?"

W niejednym wierszu opisane są ukochane miejsca, w których i mój Dziadek, i Basia wychowywali się. Dziadek pamięta duży dom Basi, który często odwiedzał, wiele drzew dookoła, a szczególnie tę piękną dużą i rozkwieconą lipę, która napełniała swoim zapachem dom.

Teraz, z perspektywy czasu, wszystko to wydaje się małe, szare, puste – jakby czasem inne czy nawet nieznane. Bo już nie ma tamtych ludzi, sąsiadów czy niektórych budynków i obejść. Inne wydeptane ścieżki. Uliczki też nie te same. Zostały tylko wspomnienia. Pamięć istnieje, są w dalszym ciągu zapachy budzącej się przyrody, te same dźwięki dzwonów kościelnych, to rześkie poranne powietrze, te same bociany na kominie, te same malwy i konwalie przy domu, które obserwują, jak się budzi przyroda. Cisza natury też dużo mówi. Lipa przed domem dalej rośnie, była świadkiem niejednego wojennego czy miłosnego dramatu, bocian jakby ten sam, ale to inny.... malwy te same, ale inne... . Czyżby myśli i wspomnienia mogły zastygnąć w czasie? To tak jak w obrazie Utagawy - obraz, który jest przesycony rzęsistym deszczem, ale zatrzymany na zawsze, bo przecież „tylko" namalowany. I też u Barbary Bukowskiej.... Jej wiersze są zatrzymane, zapamiętane, bo przecież „tylko" zapisane piórem - na zawsze. Czyżby właśnie dzięki temu jesteśmy uwięzieni w czasie, dzięki temu idziemy w nieskończoność ...?

Dom w Mrzygłodzie, w którym Barbara Bukowska się wychowała, a Dziadek często odwiedzał. Rysunek: Barbara Ekiert Walczyńska.

Basia, reasumując swoje życie, otoczona zawsze malowniczą naturą, kontemplowała codzienność i jej sens:

„Chyba było mi trzeba coś więcej zostawić po sobie,

za dużo dotąd myślałam „o chlebie".

A przecież życie nie na tym miało polegać.

Chciałam nie tylko zbierać, ale i dawać od siebie.

Boże! Wesprzyj moje marzenie, by ślad dobry po sobie zostawić na ziemi."

Basi spostrzeżenia są trafnym przypomnieniem, żeby szybko spełniać się, realizować i nie czekać. Bardzo pięknie i celnie ujął to amerykański filozof Joseph Campbell: „Follow your bliss". Pójść za tym co cieszy, oświeca i doceniać każdą chwilę, pokonując skrywane lęki. Odnaleźć głęboko w sobie te szczere myśli i uczciwie podążać za nimi. Jej tomik, napisany pod koniec życia, jest przypomnieniem - „if you don't put it out – you'll end up taking it with you" - żeby w trudnych dla nas chwilach, mobilizować się i szanować drogocenny czas:

„To nieprawda, że pusty ten świat,

Że życie niewiele warte.

Chcesz poczuć jego magnes i smak,

Chroń czas, by nie szedł na marne."

W ciszy rozmawiała ze swoją podświadomością, ciekawiła ją nieracjonalna i tajemnicza psychika ludzka.

Istnieje piękne powiedzenie: „Don't escape from yourself, but rather explore yourself". Często uciekamy od życia, od ludzi, zgrzytu myśli i nawet od samego siebie. A Basia stawała na wprost swoim przypadkowym, często zaskakującym myślom i odważnie pytała, drążyła i doświadczała.

„W zaświatach może być różne życie.

Może myśli jak duchy się tam zebrały.

Może wśród nich radość wraz ze smutkiem gości.

Może inne emocje sobie zbudowały,

Z ziemskiego bytu nie zabrały złości?"

Zadając te często niełatwe pytania skierowuje je znów do nieba, do nadprzyrodzonej siły, modli się, zadając je też i sobie... czekając na odpowiedź:

„Kto do Ciebie wzroku nie kieruje

W chwilach rozterki, smutku,

Dla szukania pomocy, gdy tej brakuje?"

Widok na rynek z domu Barbary Bukowskiej.
Rysunek: Barbara Ekiert Walczyńska

Przez lata nauczyłam się być wdzięczna za wszystko, co mnie spotkało na drodze życia - dobre czy niedobre, bo to nas własnie kształtuje - czyni tym, kim dzisiaj jesteśmy. **Mieszkam w Los Angeles, w USA, gdzie urodził się mój syn.** Ważne są dla mnie wspomnienia o Rodzinie, o Polsce, o miejscach, gdzie kształtowała się moja osobowość, o miejscach, które są obdarzone pięknymi tradycjami, przyrodą, muzyką czy literaturą. Przekazywanie dalej następnym pokoleniom, kontynuowanie – obojętnie, gdzie nas los poniesie. Kilka tygodni przed śmiercią, nasza poetka znów stanęła na progu mojej pamięci. To właśnie Basię Bukowską nazwałby Marcel Proust „urokliwą ogrodniczką": "Bądźmy wdzięczni ludziom, którzy czynią nas szczęśliwymi, są urokliwymi ogrodnikami, dzięki którym nasze dusze rozkwitają", napisał. Życzę Państwu bycia też nieustannymi i szczęśliwymi „ogrodnikami Prousta", żeby znalazł się czas i ochota zapisania myśli, wrażeń ze swojej podróży ziemskiej, by przekazywać je dalej, dzięki czemu ludzkość będzie rozkwitać, a planeta wzbogacać się. Bo jak Andriej Siniawski twierdzi, „Człowiek rodzi się w jednym egzemplarzu i kiedy ginie, nikt go nie może zastąpić."

Z wdzięcznością, że Państwo znaleźli czas na.... chwile zamyślenia....

Beata Poźniak

NIEPOJĘTE - NIEPOZNANE

W zaświatach

W zaświatach może być różne życie.
Może myśli jak duchy się tam zebrały.
Może wśród nich radość wraz ze smutkiem gości.
Może inne emocje sobie zbudowały,
Z ziemskiego bytu nie zabrały złości?
Przestrzeń wszechświata — nieograniczona.
Epoka jego — także niezmierzona.
By to zrozumieć, jedna głowa mała.
Choć każda wiele dumy ma.
Pokora się rodzi i przypomina:
Życia na ziemi nikt wiecznie nie zatrzyma.
A może myśli zostają jakoś ocalone?
Taka nadzieja niech trwa.

W przestworzach

Tam wysoko, nad chmurą jedną, drugą i trzecią
Jest może ciemno,
Ale gdzieniegdzie gwiazd promienie
Rozjaśniają, lecąc.
Tam cisza panuje.
Żadne głosy — jak na ziemi —
Nie zdradzają życia przestrzeni.
Więc co tam?
Fizyko-chemiczne zjawiska...
Nic nie cieszy i nie smuci,
Bo kogo?
Pustka życia — bez granic...
Tych żadna głowa nie pojmuje,
Ludzkiej — wiele brakuje.
Więc co tam?
Tajemnica — myśli nurtuje.

Co po nas?

Spotkanie kiedyś realne?
W przestrzeni nasze myśli.
A co po cielesności — materii?
Nie musi iść na marne.

Po kolei:
Będą różne formy biologicznego życia
Od jednokomórkowców zaczynając.
Droga daleka... do człowieka.

I tak w nieokreślonej przyszłości
Narodzić się może lepsza postać,
Rozumna, z urodą,
Ciesząca się życiem, sobą.
Może z twórczą głową?

Dlatego otóż właśnie
Po co smutek, gdy życie gaśnie.

Może, jeśli zawierzyć ewolucji rozwojowi,
Powstanie kiedyś ktoś z nas?
Pojąć tego teraz nie jesteśmy gotowi.

1 listopada

Nikt nie wrócił, by opowiedzieć,

Co po drugiej stronie,

(Nic o tym nie słyszałam).

Na grobach — pamięć w światłach i kwiatach.

Na twarzach — coś z zadumy i wdzięczności

Za to, co po nich zostało.

Z drzew lecą złote liście.

Wiatr je rozsypuje, chwilę upiększa.

Czasem ptak coś zawoła.

Przez kogo darowane nam,

Te natury słowa?

Modlitwa i myśli

Modlitwa w niebo leci.
Jej losy nieznane nikomu.
Czy trafia gdzieś, czy się rozpada
Bez śladu? Nic o tym nie wiadomo.

A my powstałe w nas myśli adresujemy
Do tych, z którymi coś nas łączy (lub łączyło).

Nie dociekamy, czy docierają one gdzieś
I czy adresatom coś z tego się śniło.

Pobożne życzenia ślemy do nieba
I trosk sto niewypowiedzianych, i uwag setki
O wydarzeniach przez nas postrzeganych
I nie całkiem rozumianych.

Niebo

Kto do Ciebie wzroku nie kieruje
W chwilach rozterki, smutku,
Dla szukania pomocy, gdy tej brakuje?
Jakby tam w kosmosie znajdowało się
Centrum dowodzenia,
Sztab Najwyższej Instancji — obrony.
Czy tam coś jest, czy może nic nie ma?
Któż o tym coś wiedzieć może?
Natura chroni swe tajemnice,
A może taka Twoja wola, Wielki Boże?
Niebo! Oświeć choć trochę
Mroki myślenia, mroki niewiedzy.
Daj nadziei odrobinę — na sens istnienia
I sens cierpienia.

Mój Boże

Dałeś światu – nam – tak wiele.
Podziwu godnych dzieł rozumu,
Piękna i tajemnic dokoła co niemiara.
Gdzie, jaki jesteś?
Kumulacją niepojętej energii i siły,
Która tworzy, patrzy – czuwa?

Dałeś, co wspaniałe,
Ale też — coś z podłości, okropności,
Co małe. Bezsensownie splecione.

Może dla poruszenia
Serc i umysłów – sumienia?
Wydobycia – ze snu, z cienia?

Do Boga

Ukryty w tajemnicy,

W tęsknocie i nadziei poszukiwany –

Co dnia na Ciebie czekamy

W kłopotach i na rozdrożu,

W niepewności i zwątpieniach.

Gdy myśli własnych za mało,

Gdy ugrzęzły w zgryzotach –

Do Ciebie, Boże, się zwracamy.

Ale też – gdy bezładu, podłości

I bólu jest wśród nas tak wiele.

Po co one? – pytamy.

Czy lęgną się, by zbrudzić to,

Co tuż obok tak piękne?

Z zadumy nad tym rodzi się pokora.

Odpowiedzi szukamy,

Co dobre jest – co sens ma.

My przecież tu na ziemi

Przez chwilę, w poczekalni, w sieni.

W drodze ku wieczności.

Jakiej?

Gdzie będzie coś z boskości?

Przetrwałam

Dałeś mi Boże po trosze wszystkiego.
Dzieciństwo, dom ocalony od złego.
A w domu tym ciepła, spokoju niemało.
Z tym, że krótkie lata to trwało.
Potem poszłam rzucona na obce mi drogi,
Sama, nieletnia, w kolejne życia progi.
Ostrożnie, nieufnie wśród innych — szłam.
Hartowały mnie w drodze nie raz jeden chłody.
Nie dostrzegałam ich. Szłam.
W dorosłe życie — bez dojrzałości.
W kłopoty życia — bez zaradności.
Z siłą i wolą przetrwania.
Z nadzieją lepszych dni doczekania.
Dotrwałam, doszłam do dojrzałości.
Z rozwagą oceniam dary losu.
I pytam: czy tego, co dostałam, nie zmarnowałam?
Ocaliłam, co się dało, z człowieczej godności?
Bez wielkich osiągnięć, bez sławy,
Ze skromnością, bez potrzeby chwały,
Dochodzę bez lęku — gdzie?
Gdzie ciepło i dobro panuje?
Gdzie jest świat łaskawy?

Niebo, daj

Niebo, daj światła ziemi.

Ciepła i deszczu daj, ile trzeba.

Radosnych lalek, dobrego słowa dzieciom,

Myśli a pozostałym – rozumu i serca dość.

Woda mówi pluskiem,

Rośliny malują dywany,

Słońce koi swym blaskiem,

Chodzą myśli i ludzie

Dzieci i starych zadumanych.

O, Niebo, lubić Cię trzeba

I ziemię z ludźmi też.

Ty, człowieku w pogodę czy ulewę

Z zachwytem życie bierz.

To nieprawda, że zły jest los,

A koszmar bezsensu gniewa.

Jest sens — słuchaj! Ten piękny głos...

To ptak śpiewa.

Dziękuję Ci, Boże

Dziękuję Ci, Boże
Za to, co mnie spotkało.
Tyle czułości – ile wystarczało.
Ale też za hartujące chłody.
A dziś – bez kaprysów,
Bez wielu żądań od losu i ludzi,
Potrafię żyć – bez wielkich sukcesów,
I bez wielkich stresów.

Za to, co mi ofiarowałeś:
Macierzyństwo,
Dojście do dorosłego rozumu,
Jakąś zawodową pozycję,
Dzisiejszy spokój i pojednanie
Z tym, co było, jest i być może,
Za wszystko dziękuję Ci, Boże.

MYŚLI – NAJSPRAWNIEJSZE SKRZYDŁA

Wspomnienia

Myśli – najsprawniejsze skrzydła – lecą
Tam, gdzie kiedyś coś miłego nas spotkało,
Ciepło ręki, spojrzenie, dobre słowa -
Wyrazy pierwszego znaczenia,
Coś z ukojenia.
Tam – pouczenia, uwagi.
Tam – pierwsze kroki,
Bliskość rodziców, rodziny...
Drewniana kolebka kołysała,
I razem z nami pieśni słuchała.
Pieśń o tym do dziś została.

Opuszczone gniazdo

Latem w opuszczonym gnieździe — małej osadzie,
bez pośpiechu i emocji — obserwowanie i czekanie.

Ludzie siedzą na ławkach przed domami,
rozprawiają o tym, co chwila przynosi.
Rozmawiają spokojnie, wymieniają nowiny.
Nie dochodzi do głosu żaden spór.
Potok bez szumu płynie, nie zakłóca ciszy.
Ta czasem tylko panuje,
bo co chwilę mknący samochód się słyszy.

A starzy ludzie często też cisi,
myślami zapewne przy dzieciach
- gdy te z gniazda odleciały.
Własne gdzieś pozakładały.
Piszą listy czasem.
I wracają.
Niekiedy po dziesięcioleciach.

Mama

Nie żeby czymś szczególnym błyszczała,
I nie bogactwem — bo wielkiego nie miała.
W ciszy jej myśli dojrzewały (nie naiwne).
Z pracy problemu nie robiła.
Do ludzi uraz nie żywiła.
Ich zachowania tłumaczyła,
Starała się rozumieć.
Nikim nie gardziła.
Z jej oczu spokój emanował.
On zaufanie do niej budował.
Twarz dobrocią jaśniała.
Promieniała. Mama.

Człowieka wybrać

Niebo niech będzie bezpiecznym dachem.
Deszcz niech będzie kubłem wody potrzebnym.
Słońce jak dobra matka niech ogrzeje — otuli.
A wiatr zimny niech hartuje.
Ale człowieka trzeba wybrać do rozmowy.
Przegadać, cokolwiek zapytać, bo może lepiej
Pomyślą — zamiast jednej — dwie, trzy głowy.

Na drogę życia

Daj szczęście, Boże, Wam!
Bez nieporozumień i zgrzytów
Idźcie przez życie pięknie — tam,
Gdzie z rosą spływa chłód z błękitów.

Promieniem słońce niech Was grzeje,
A ludzie dobrzy też są i świat
Jasnością niebo rozweseli.
Szczęście, daj Boże, Wam.

List 1

Nie, sam jesteś na pewno?

Czyjaś myśl doleci do Ciebie może?

A może moja tam wróci do Was,

Do Drogich moich. Boże!

Dlaczegoś tak daleko!

Tu i tam rozdroże.

Zielona pycha

W opiekuńczych oczach matki
Nadzieja nigdy nie gaśnie.
A młoda istota — dumna,
Nie wiadomo z jakiego powodu:
Nic nie wie o sobie, o ludziach,
Nie wie jaką iść drogą.
Wie, że świat został stworzony głównie dla niej właśnie.
W naiwność i nierozwagę wyposażona — kroczy.
Taka kolej rzeczy.
Dopóki czas z pychy nie wyleczy.

Modlitwa Matki

Pomyślności daj, Boże, dziecku,

Matce spokoju o jego los.

By trudu pokonało,

Co dobre wybrało,

Przetrwało każdy cios.

Rozumu dziecku, Boże, daj,

By pojąć potrafiło, co jest, a co się śniło,

By z pracy radość brało

I dobroć serca zachowało.

List 2

Nie szukaj uznania wśród średnich
I nie respektuj ich zdania.
Bierz kierunek lotu podniebny
Według własnego uznania.

Szanuj, co masz: piękne zalety,
Zwyciężaj swoje wady.

Gdy będziesz dość miał sił,
Udzielisz też innym rady.

Gdybym miała skrzydła

Gdybym miała skrzydła, to też bym leciała

Gdzie cieplej i żyć lepiej.

Bym choć na chwilę to miała.

Leciałabym czasem,

Gdzie dzieciństwo zostało:

Stary dom, cisza pól, San,

Kościelne dzwony.

To kiedyś modlitwę wyzwalało.

Leciałabym zobaczyć dziś,

Co z dawnych obrazów pozostało.

A słowo: niech będzie pochwalony –

Czy wśród ludzi ocalało?

Modlitwa

W cieniu zostanę, pomodlę się cicho
O zdrowie i szczęście dziecka,
O jego pomyślność w pracy,
O jego dobry los.
Niech mu się jak najlepiej darzy,
Niech wzrasta i krzepnie w rozsądku
I jeszcze, by — tak dobrze pomarzyć —
Z sumieniem zawsze było w porządku.

Rada dla młodych

Nie każ sercu kochać, gdy chłód czuje,
Nie każ innym żyć według wyboru twojego,
Naucz się rozumieć, co ci los dyktuje
I odróżniać złe od dobrego.
Twoja głowa jeszcze nieduża,
Nie poznała, nie pojęła zbyt wiele.
Staraj się świat polubić, siebie docenić,
Ludźmi nie gardzić, uczuć nie rozrzucać
I nie gubić.

List 3

To nieprawda, że pusty ten świat,
Że życie niewiele warte.
Chcesz poczuć jego magnes i smak,
Chroń czas, by nie szedł na marne.

Nie szukaj sensu i szczęścia
na wierzchu, bo tu go nie ma.
Głęboko w sercu dostrzeżesz,
Co ważne i nie do stracenia.

Oceniaj innych po ich pracy,
ich czynach i dążeniach.
Mów sobie: tak, mam
własne piękniejsze marzenia.

Zdjęcia tych co odeszli

Patrzą na nas

Jak my – na nie

Patrzą. Czuwają.

Może coś nakazują?

Bądźcie z nami !

Jesteście nam potrzebni !

Macie szmat drogi za sobą...

Wy – już tak daleko – podniebni.

Dajecie chwilę zadumy

Nad tym co minęło, było.

I też – co się nam kiedyś zdarzyło.

Nieprawdopodobne...

Nieprawdopodobne...
By ci na zdjęciach – niematerialni –
Nie pozostawili czegoś więcej?
Są w naszej pamięci...
Ich słowa, czyny
Przez lata całe z nami się łączyły.

Ich myśli – czy możliwe,
by potem się zaprzepaściły?
Jak? Gdzie?

Do Was – po drugiej stronie

Kiedyś spotkam Was.

Może nie zaraz – gdy odejdę.

Ale przyjdzie na to czas.

A może już teraz

Jesteście czasem ze mną?

O tym marzę nie raz.

Z Wami zostaję myślami,

Pragnę Waszego wsparcia, pomocy –

Zawsze. Nie tylko czasami,

Drodzy!

Oczekiwana chwila

Gdzieś dotrę –
Nie pociągiem, autem czy rowerem.
Upatrzyłam sobie coś innego,
Sercu bliskiego:
Białe pierzaste i szare chmurki...
One na swoje skrzydła
Przygarną mnie. I dolecę...
W przestworzach znajdę się.
Tam – w świateł blasku –
Spotkać mogę kogoś... jak ja.
Będzie to święta chwila!
Tam ktoś też czeka...
Nie tylko ja.

Gniazdo

Gdzieś daleko jest dom – gniazdo.

Kiedyś gwarne, spokojne i dobre...

Lata dzieciństwa szybko mijały

Dzieci kolejno dom opuszczały,

Aż prawie pusty został.

W zimie, bez śladu w nim życia,

Stoi bez światła w oknach.

Latem kwiaty wokół go zdobią.

Tuż obok domu potok.

Kiedyś coś szemrał,

Dziś – oniemiał?...

Domy w ryneczku te same co kiedyś,

Ale jakieś małe?

Wcześniej godniejsze się wydawały.

Teraz – jakby zmizerniały.

Co tam zostało z dawnych lat?

To nie do zmierzenia.

Pamięć, że tu był porządek,

Dla ludzi szacunek.

Jakiś wyraźny życia ład.

Szkoła bez teorii uczenia.

A MOŻE KOCHAĆ

A może kochać

Kochać nie tylko siebie i nie tylko kogoś bliskiego –
ale też tego obok.
Mieć dla niego dobre słowo i takież spojrzenie,
Niech on je zobaczy.
Tak po prostu — za nic.
Bez wyrachowania i bez kalkulowania.
Bo nieważne, kim są inni, i czy do nas podobni.
Oni są ludźmi, więc uwagi naszej godni.
Oni też chodzą po tej ziemi,
Jak my z opaskami na oczach.
Idą jak my, szukając błysku rozumu
Czy chociaż jego cienia,
Więc dać im trzeba, co mamy —
odrobinę swojego zrozumienia.

Do kogo dzwonić

Szeregi moje przerzedzone:
Jedni już tam gdzie lepiej,
Inni czekają – jak ja
Na ścieżkę dla wyzwolonych.
Tymczasem szukam kogoś,
By razem wspierać się
W lepsze i gorsze dni,
Ale do żadnych nie pukam drzwi.

Zostawiam nadzieję małą
Ktoś przecież w podobnym miejscu
Też oczekuje na moment
Na chwilę wspaniałą
By we dwoje iść ku zejściu.

Matka

Jej światem – dziecko, dzieci.

One jej uwagę przykuwają.

Troska z uczuciem na trwałe złączona,

Nadzieja z niepokojem spleciona.

Z wielką czułością ku dziecku idzie,

Z nią każdego dnia się budzi.

Z najpiękniejszym uczuciem:

Dziecko ochrania,

Rękami otula,

Mówi, czasem śpiewa.

Do poświęcenia gotowa.

Idę

Tam, gdzie dobre oczy popatrzą na mnie,
Gdzie świeżość powietrza orzeźwi,
Miękka trawa pod stopami,
Niebo dobroczynne słońcem ogrzeje,
Ptaszyna zaśpiewa,
Serce się uraduje.

Życie milsze wtedy,
Myśli złowrogie uciekną,
Lepsze się zalęgną.
Zatęsknię. Dokładnie nie wiem, do czego.
O, Niebo! – do Ciebie?

Brakło troski

Zagubiły się myśli o przyszłości
Jakby nieśmiałe, małe — były.
Popłynęły razem z rwącym potokiem?
Ten zabrał: pragnienia, nieuświadomione prawa
Do życia w szczęściu i godności.
Została: bylejakość, narzucona
Rytmem zajęć — obowiązków, zwykłości.
Została tęsknota za:
Ciepłem w domu, dobrym słowem,
Drogą rozwoju świadomości i wiedzy,
Poznawaniem — co warte czego.
Nie ma w tym winy własnej.
Brakło troski kogoś bliskiego.

Mydlane bombki

Rodzą się ładne, kolorowe,
Z dmuchania w zwykłą mydlaną wodę.
Nieważkie, zmienne
I na krótką chwilę.
Jak ulotna chwila nadziei.
Nie wraca.
Jak płatek śniegu – topnieje.

List do odchodzącego już Brata

Wśród gwiazd na niebie jest też Twoja gwiazda.

Często patrzy na Ciebie – mała, jasna.

Czasem pragnęłaby przemówić.

Nie ma po co – gdyby potrafiła,

Jest zbyt daleko, nie usłyszysz.

Więc Twoja gwiazda tylko patrzy.

Chce Ci dać znać, że ją masz:

Jasną i przyjazną.

Czy i o ile Twoja gwiazda – bezradna, bezsilna –

Bez znaczenia dla Ciebie?

Jest zawieszona wysoko na niebie dla Ciebie też.

Rozprasza światłem, co między Tobą a nią.

Możesz ją uznać za swoją

I do rozjaśniania Twych dni gotową.

Szukaj jej na niebie.

Ona tam jest.

Tęskno mi

Tęskno mi do czegoś znanego i nieznanego
Co wzrusza dobrem, rozumem i urokiem,
Co podziw wymusza — tęskno mi.
Do zwykłych pagórków i górzystych przestrzeni
Pokrytych i niepokrytych lasami.
A w dolinach — do domów z ludźmi
O niewydumanych aspiracjach i pragnieniach —
Do tych zwyczajnych.
Do tego wszystkiego — a poza tym do tych,
Którzy serce i rozum mają trochę większe.
Roztaczają spokój, roztropność, ład i dobroć płynącą z nich.
Do nieba i do przyrody, do pojednania z wszystkim —
i zgody
— tęskno mi.

List do Matki

Za wiele masz trosk, Mamo.

Za wiele myśli i kłopotów.

Chcesz dobra, lecz nie chodź myślą za mną,

Szkoda uwagi na to.

Każdy dzień co innego wnosi,

Każdy odkrywa inne karty -

Trzeba samemu czytać z nich, co serio brać,

a co na żarty.

Za wiele dumasz o mnie, mamo.

Nie smuć się, za dużo nie domyślaj,

Patrz raźniej, wierz we mnie -

Ja idę swoją drogą,

Ty z życia też korzystaj.

Do tamtej ziemi...

Do tamtej ziemi, do wody Sanu i pagórków,
Zaoranych i leśnych, do wszystkiego co zwykłe tam — Tęskno mi.
Ziemia coraz to różnie ubrana śniegiem
Lub zielenią okryta, jesienią kolorami bogato malowana,
Jak wszędzie.
Niebo, dobry opiekun ziemi, słońcem ją ogrzewa,
Wodą wspiera w niej życie,
Wiatrem nasiona rozsiewa.
Ale gdy czas burzy nadchodzi, niebo budzi ze snu,
Co niepotrzebnie zasnęło. Woła coś?
Może coś nie tak?
I to gniewa?
A ludzie? Dziś edukowani rozmaicie.
Jak wszędzie, bogaci darami przyrody.
Nie lepsi i nie gorsi. Rozumieją, ile kto może.
Włączeni w rytm życia tej ziemi, jeszcze nadal w polu mówią:
Szczęść Boże.

Bez laurów

Teraz po wielu latach, bez lęku i obaw, szukam najprostszego sposobu, by zostać lepszą sobą. Jeszcze trochę, chwilę — zostać taką między swoimi. Nie nęci mnie nic co zaszczytne, doceniam to u innych. Bo też setki innych z nie mniejszymi bogactwami umysłu i serca zostaje bez laurów i bez bólu z tego powodu.

Tęsknoty

Czasem nie bardzo wiadomo za czym, do kogo?
Czasem po prostu do innego czegoś. Może by wyjść
— żeby uciec od codzienności, od dnia zwykłego?

Małe tęsknoty biegną za chwilą,

Większe aspirują do dłuższego trwania.

Jeśli są— to dobrze; byleby dążenia zrodziły

I siły do ich zrealizowania.

Odeszła Mama

Dokąd odeszła?

Gdzie poszła, gdy jej serce bić przestało?

Ciało z nami zostało, a myśli, duch jej —

Nie wiadomo gdzie.

Nikt o to nie pyta. Nikt takiego pytania nie stawia,

I nie wiadomo, dlaczego tak jest.

Ciało ubrane jak trzeba, uroczystości,

Śpiewy żałobne, i smutki — jak zwykle — były.

A dusza, myśli? Co się z nimi stało?

Przecież się nie zagubiły.

Myśli dotąd przecież żyły.

Wieś

Szerokie pola
Za nimi wzgórza porosłe krzewami,
Obok rzeka i wiejskie domy.
Wśród nich kościół, dzwonnica, dzwony.
Naród zajęty swoją pracą.
Wszystkim ptak śpiewem chwilę umila.
Wszystkim bez wyróżnień. To zasługa niczyja.
Życie na wsi inaczej bogate: wszędzie zieleń wkoło,
Ukojenie w ciszy, choć nie wszystkim tu też wesoło.
Spokój i cisza w polu panuje,
Czasem przerywa ją pojazd ludzi wiozący,
Kontakt z innymi symbolizuje.
Miłe ze zwierzętami spotkania.
Gdzieś źrebię nawołuje szukającej go matki.
A krasula kogoś wypatruje,
Tym bardziej gdy nie ma obok sąsiadki.
Cisza w polu panuje.

Milutkie starutkie lata

Co jakiś czas ktoś z bliskich odchodził

Zostałam prawie sama

Już nie mocna

Zębem czasu pokonana

Zostałam bez wsparcia

Wyłącznie z nadzieją:

Tam? Może coś życie osłodzi

Tu? Jedynie modlitwa podporą

wiarę odrodzi?

Wiara - myśl niepewna z nami:

Odchodzi i znów przychodzi...

Ona została.

Ponad czasami.

NATURA PRZEMAWIA

Natura przemawia

Bez słów natura przemawia.

A może tylko nas namawia,

By zamyślić się, jaka jest?

I urokliwa, i ponura,

Zimna i ciepła — czasem radosna.

Ta — może ukoić w bólu.

Ale może też zęby srogich mrozów pokazać

I siłę nawałnicy, piorunów, grozy.

Ktoś jakby dla nas stworzył to wszystko.

W strofach poezji czy na stronach prozy

Nie szukaj odpowiedzi.

Więcej intuicyjnie czujesz, niż umysłem pojmiesz,

Niż zrozumieć potrafisz, co tajemnicą okryte,

Co nie do poznania do końca.

To przecież niesamowite.

Ścieżka deptana

Rozchodnik, macierzanka,
Cykoria, krwawnik, perz.
Rośliny uparcie rosną, kwitną,
Pachną. Wzrok przyciągają też.
Rosę zbierają, owady kuszą,
Na nie czekają.

Ścieżka, deptana
Przez stopy małe i duże
Podąża za nimi
Już od rana.

Wiatr biegnie

Wiatr goni chmury na niebie,

A na ziemi liście zamiata,

Gałęziami kołysze,

Rozbija bezruch i ciszę.

Wiatr zęby swoje groźne pokazuje,

By przypomnieć o swojej sile — o sile przyrody.

Czasem łagodny — daje ochłodę.

Czasem — łamie drzewa,

Stawia na drodze przeszkody.

I po co to?

Dla przypomnienia:

Nie myśmy mocni. Silniejsza — przyroda.

Kto to pojmuje — to jego od niej nagroda.

Jak nie dostrzegać

Jak nie kochać jasnego nieba z białymi chmurami.

Jak nie kochać tafli wody morza, oceanu, rzeki,

Co budzi zadumę i tęsknotę za kimś, za czymś dalekim.

Jak nie wzruszać się widząc, gdy z małego ziarna

wyrasta źdźbło, roślina kwitnie i dojrzewa

– Jakby według planu czyjegoś?

Tego myśl nie ogarnia.

Wichry

Wichry się obudziły i po coś one gonią?
Z marazmu, zastoju coś wyrwały, przesunęły,
Coś dalej zabrały.
Jakiż to byłby drętwy zastój bez wichrów.
Jakiż to bezwład byłby — martwota.
One przynoszą coś z życia — dla życia.
Choć nie przynoszą chleba ni drobiny złota,
To dają nam coś więcej dla urody świata.
Gałęzie drzew uruchamiają do tańca,
Obłoki na niebie do wędrówki pchają.
A przez to zmienia się wszystko, co na scenie nieba:
Od szarości do bogactwa światła i koloru.
Jakże nam tego trzeba!
Dobre wichry.

Wiosna — nadzieja

W wiosennej pierwszej woni szukaj nadziei.
W wiosennej świeżości znajdziesz radość.
Za chłody zimy i szarość wkoło,
Za pustkę na drzewach, w polu i ogrodzie
Ona — wiosna — uczyni zadość.

Idziesz i widzisz: życie odrodzone
W forsycjach, przylaszczkach i baziach.
Nie mówisz — cud, a czujesz: świat znów obudzony.
Jak chce scenariusz czyjś z dawna gotowy.
Czyj scenariusz? Powtarzalny, ale i trochę nowy,
Czyj?

Przyroda

Rzeka — nie narzeka.

Wiatr — nie wrzeszczy.

Strumyk coś szepcze

(Nic wyraźnie nie mówi).

Wiewiórka nas obserwuje i ucieka.

Sikorka radośnie coś głosi z daleka.

Po dostojnym, czystym lesie

Echo głosy ludzkie niesie.

Cisza nas urzeka. Błoga cisza.

Zasłużenie czy niezasłużenie,

Na wszystkich tu czeka.

Niebo i łąka

Łąka utkana kwiatami od wiosny do późnej jesieni.
Wiatr kołysze traw łodygami, kwiatami i listkami.
Niebo o każdej godzinie i chwili wciąż inne.
Niebieskie, czyste,
To znów z pierzem białym – zmienne
Aż do chmur groźnych, ponurych i ciemnych.
Oczy za chmurami biegną,
Ślą za nimi obawy, ale i oczekiwania,
Że niebo da, co potrzebne: złudzenia, nadzieję.
Różne harce niebo wyprawia wciąż, odkąd dnieje.
Łąka spija ranną rosę, poi się, rozkwita,
A zimą otulona śniegiem jak pierzyną – śpi.

Polna droga

Bądź zdrowe, życie – w prostocie!

Kolebko moja – ziemio nad Sanem,

Łąko wonna sianem,

Kwieciem – zboża łanem!

Drogo polna!

Ileż tam uroku

I źródlanej wprost mocy!

Ileż bogactwa życia – duszy osłody...

Choć nogi bose

Uciekały z trudem do cienia,

Do ochłody.

Urokliwa, lecz twarda –

Jak życie tu – drogo!

Nie tulisz bosej stopy

Do ostrych kamieni,

Polna drogo!

W ciszy lasu

Kocham tę ziemię zieloną,
Lazur nieba czysty jak łza,
Wodę szumiącą i ciszę,
Która tu trwa.

Myśli jasne i proste,
Nie tłumione hałasem i gwarem,
Nie mącone dumą i pychą
Ani fałszywą chwałą.

Nadchodzi zima

Mróz odbiera życie wielu roślinom,

A inne – w sen zapadają

I długo drzemią – wiosny czekają.

Wszystko dzieje się bez gniewu

I bez sprzeciwu, bo tak jest,

Jak zawsze być miało.

Ginie życie wielu roślin,

Ale niejedno ziarno

Blisko i dalej się rozsiało.

Nowa sceneria — śnieg spadł dla urody świata,

A nam dla zdrowej ochłody.

Nadchodzi dobra, czysta zima.

Kwiaty

Coś mają ułatwić,
Coś gorzkiego osłodzić,
Gniew zmniejszyć,
Codzienność upiększyć,
Jakieś uczucia wyrazić.
A co ze smutkiem?
Chociaż w części go nie obnażyć.
I choć spełniają tysiące różnych celów,
Czy mogą przemówić — nieme?
Nawet te najpiękniejsze,
Nawet gdy setki ich komuś dajemy,
Nie dorównują jedynym oczom,
Ich wymowie — czego oczekujemy.
Kwiaty trzeba lubić — oprócz oczu nam bliskich —
Jako dodatek przede wszystkim.

Płatki śniegu

Na poniewierkę rzucone
Czyste płatki śniegu.
Tylko te w polu, ogrodzie i w lesie
Nie doznają niczego złego.
Tych nikt nie wdepcze w błoto,
Nie ubrudzi misternych gwiazdeczek.
One ocaleją dłużej – na radość dzieciom
Aż do wiosny.

Drzewa

Drzewa wtopione korzeniami w ziemię.
Ich liśćmi — jak woalką na kobiecej twarzy —
Wiatr miota.
Zimą, bez nich, drzewa stoją nieme.
Ogołocone konary dumnie
Patrzą, bez osłony liści.
Drzewa stoją i milczą.
Uczestniczą w życiu ulicy.
Czasem coś osłaniają.
Słuchają, milczą.
A może o czymś z sobą rozmawiają?

Niebo

Raz chmurami ciemnymi uprzedza,
Że zaleje deszczem, co na ziemi,
Że usypie śnieg w zaspy, pozawiewa drogi,
Z dala grozi,
Że przyśle jeszcze i mróz srogi.

Potem dla kaprysu, dla osłody losu,
Łaskawieje, rozjaśnia się.
Słońce na nim widnieje,
a jego promienie budzą do życia ziemię
i ludzkie nadzieje.

MYŚLI NIE LEŻĄ SPOKOJNIE

Nie kamyki

Myśli nie kamyki.
Nie leżą spokojnie.
Biegają po zakątkach głowy.
O tym, co było, co dziś i co będzie.
Wertują, szukają sensu
I odrobiny szczęścia.
Szukają wszędzie.

Szukaj życia

Pochmurne dla ciebie niebo – dlaczego?
Bez blasku, przygaszone oczy – dlaczego?
Wiatr wieje, woda szumi w potoku.
Drzewo liście rozwija,
Wstaje z zimowego snu, z zmroku.
Gdzie radości i nadziei ni śladu –
Bezład się wkrada.

Dlatego szukaj, co dla życia ważniejsze:
Uśmiechu, przyjaznego słowa, muzyki,
Głosu ptaków...
Też – śladu czyjegoś przywiązania.
I chociaż echa uczucia – przy nim pozostania.

Do słowa

Ktoś idzie, w drzwi stuka, czegoś chce,

Czegoś szuka.

Może poczucia wspólnoty,

jakiegoś pojednania.

Z kim?

Z sobą, tobą.

Ma coś do przegadania.

O czym?

O tym, że może jest nie gorszy

od przeciętnych i małych.

Ze żyje — istnieje, choć inaczej

od tych prawie doskonałych.

A może...

Może szuka po prostu takiego kogoś,

by mu opowiedzieć i usłyszeć cokolwiek —

zwyczajnie, nawet coś całkiem banalnego.

Marzenia bez granic

Marzenia niech granic nie mają,
Niech rodzą się najwspanialsze.
Upiększą egzystencję szarą,
Dodadzą sił na życie dalsze.
To nic, że trudne jest ono,
Każdego w inny sposób trapi,
Bo może, gdy spotka cię zło,
W marzeniach oddech złapiesz?
To dla nas przecież ten przestwór nieba
Od nocy ciemnej po dnia biel jasną.
I kolorów tęczy jeszcze trzeba –
Strawy dla marzeń. Niech nie gasną.

Wspomnienie przed Wigilią

Trochę skupienia, zamyślenia;
Myśli biegną gdzieś wstecz:
Do tych, którzy odeszli,
Do dni - wspólnych - czułych aż do łez.
W pamięci szukamy czegoś miłego,
Co można by położyć pod choinkę
Jako prezent nie do kupienia,
Z przeszłości chwilkę.
A na choince kolorowe światełka,
Błyszczące bombki i kokardki,
Ale nieme są one.
O ile cieplejsze i piękniejsze
Wspomnienia w pamięci ocalone.

Muzyka i przyroda

Muzyka może coś przekazać:
Co współgra w nas, co wzrusza, koi i porusza,
Budzi w sen zapadłe marzenia i tęsknoty.
I jeszcze więcej - odsuwa kłopoty.
Przyroda od nas oczekuje, by się nią cieszyć
W każdy czas: w cieple słońca i dniach słoty.
Muzyka i przyroda chcą nam czas umilić
Kiedy uciekniemy od bylejakości,
Od buntu i zgryzoty.

Uśmiech i kwiat

Serdeczny uśmiech — to radość.
Przyroda kwieciem się wyręcza,
Chcąc coś umilić.
Może komuś się kwiatem odwdzięcza.

Uśmiech rozjaśnia chwilę,
Czyni ją piękniejszą,
Daje sens szarości dnia,
A kłopotom — rangę mniejszą.

Uśmiech pozwala coś zauważyć:
Że chwila dla dwu osób podwójnie jest droga,
Więc niech ta chwila trwa,
Jak najdłużej, błoga.

Kwiat — dodatkowa życia osłoda.

Kocham
(gdy do osoby)

Słowo urocze, frazes, kłamstwo, ułuda i przyzwolenie.
Czyż wszystkich tych treści nie mieści?
Uznać trzeba, że za wiele znaczy: coś pięknego
I tak też wykorzystywanego.
Jeśli słowo to wyraża coś szczerego,
To czasem na krótko znaczenie to ma.
A gdy coś i trwalszego, to może więcej
Niż że to tylko gra.
Wyrasta z marzeń,
A gdy słowo to zbyt ufnie odczytane -
Serca złamane zostają,
Łzy z oczu spływają.
I po co to?
Słowo bałamutne. Niech nie uwodzi
Jak trucizna.
Lepiej niech nie boli, nie szkodzi.
Kocham — słowo-kwiat.
Roślina kwitnie, by zostawić po sobie nasiona.
Słowo „kocham" — tylko czasami
Początkiem dobrego być zdoła.

Ślub

Panna młoda — w pięknej sukni w bieli.

Bukiet w ręce, twarz się weseli.

Pan młody — również świeżutki:

Nowiutki garnitur i butki.

Cały orszak pełen elegancji.

Kunszt fryzur i makijażu...

Chwila wielka: młodzi wierność przysięgają

I miłość dozgonną też, więc się pobierają.

Mija jakiś czas.

Anieli — w kościele co niedzielę,

W domu szczęście.

Trochę gorsi — jakby nieco

Zapomnieli o przysiędze.

Wobec siebie bardziej bierni,

Lecz wciąż wierni.

Inni — się rozstali, docenili wolność.

Już mądrzejsi i bez trwogi

Wkroczą w nowe progi.

Bo gdy w miejsce ciepłych uczuć

Zagościła „uczuć bieda"

Czy tak nie było trzeba?

Szczęście

Marzeniem — czy czymś realnym?

Prawem — czy obowiązkiem wobec siebie?

Przychodzi na chwilę,

A z późniejszą musi odchodzić?

A skąd ono?

Między innymi

Ze świadomości posiadanych darów się rodzi,

Przy wsparciu losu przyjaznego -

I z dojrzałej oceny siebie, ale też tego, co obok.

Kiedy trwać w tym co jest,

A kiedy zerwać nici,

By iść jak wolny ptak? Gdzie indziej

Rozpocząć nowe życie.

Może lepsze?

Bez tolerowania

Bylejakości bytowania.

Dla nas

Mrozem namalowane na szybie
Liście i kwiaty.
Za chwilę znikną.
A śnieżyczki, przylaszczki
Zanim przekwitną,
Dłużej w lesie trwają.
Wiosny czekają.
Urokliwe to uśmiechy przyrody.
Zdobią, dodając: światu –
Blasku i urody,
Nam – serca osłody.
A - jeszcze co dla nas?
W parku wiewiórka i dumne pawie,
Te chwalą się piór wachlarzem.
Ptak z ukrycia nawołuje, śpiewa –
Przecina cisze.
Czyż świat nie jest dla nas łaskawy?

Rozsypały się marzenia

Rozsypały się marzenia,
jak ziarenka piasku w wartkiej rzeki wodzie.
Niezrealizowane, czasem nieokrzepłe. Zginęły.
Czas przesunął się niepostrzeżenie
Na jałowym dla mnie biegu.
Nie dostrzegłam — że przecież nie wróci.
Jakby chodziło wyłącznie o przetrwanie,
Nie o dotarcie do chwili ważniejszej,
W mrówczym życiu jakiejś istotniejszej.
Lata minęły, marzenia zginęły.

Idę

Nie słaba ani zbyt silna idę,
wiem, ile potrafię.

Jakieś klapki na oczach noszę,
Coś z nieporadności też miewam.

Idę. Boso czy nie boso.

O drobne kamienie się potykam,

Większe pomijam. Idę.

A z nieba, z dystansu, z odległości,

Czyż mogą obchodzić mrówek losy,

Czy masz dostatek jakiś, czyś bosy?

W chwilach wolniejszych i w święta próbuję

Szukać w Niebie czegoś lepszego.

A obok czasem słychać skargę cierpiącego...

Z Nieba nasłuchuję głosu kojącego.

Dla kogo i po co

Ten przestwór nieba coraz różnoraki,
To ptaków bogactwo, ich śpiew i wołanie
— a może przekomarzanie.
Ta ziemia w swoich kolorach wspaniała,
Od górskich szczytów, pagórków,
Jarów po nizin bezmiar...
A woda — w morzach potęgą swej siły dumna,
To w wodospadach szumna,
W strumieniach mała,
Trochę leniwa, ledwie kamyki omywa
— dla kogo?
Dla łotra, nicponia, półgłówka?
A może lepszych właścicieli serc,
głów, rozumu?
Coś szepcze świat ten. Jakieś słówka?
Wicher znów zbudzić chciał coś chyba,
Co znużone zasnęło.
Czasem niszczy coś razem z piorunami,
Gradami, śnieżycami i ulewami
Budzi w nas pokorę niesionymi trwogami.

Ziemia – matka

Na koniec tułaczki przygarnia swe dzieci do siebie.

Dumne i sławne, małe i skromne.

Wszystkie – bezdomne.

Gdy ich serca wreszcie bić w nich przestają,

Gdy cisza zapanuje po burzach mózgu i rozterkach

— myśli zastygają.

Gdzie idą, kiedy kurtyna dla nich opada?

Cisza

Uciekać przed nią, czy się z nią pogodzić.

Okrutna ona, czy nie jest zła.

Myślisz o ciszy, która nie doskwiera.

Odchodzisz od banalnej wrzawy,

która udaje,

że wszystko jak trzeba.

Zostaje ważna krótkotrwała cisza.

Ona — niech trwa.

MYŚL TWOJA NIE BĘDZIE SAMA

Szarość dni

Nic nie smuci, ale nic nie cieszy.
Na bocznych torach zostajesz.
Z daleka od gwaru, hałasu
I krytycznego wzroku
- Jakby bez kłopotu.
A w zadumie – więcej czegoś pragniesz.
Myśli uciekają w różne przestrzenie i giną gdzieś.
Zostaje szara – choć nie smutna przecież –
Rzeczywistość
I jedno marzenie:
Ktoś, kto doda barwy i blasku twemu światu.
Będzie to zwykłe zrozumienie dla ciebie.
Będzie to uwaga dla twoich poglądów.
Będzie to jakiś krok na drodze do czegoś lepszego.
Myśl twoja nie będzie sama.

Nadal dla nas
(gdy po drugiej stronie drogi)

Będzie słodkie ciepło słońca

I chłód zimy, mrozu.

Czasem ptaszyna zaśpiewa, zawoła,

Wiatr liśćmi zaszeleści,

Przerwie ciszę jego mowa.

Będzie dużo spokoju — Tam...

Ale my zostaniemy wśród swoich.

Bo my — to to, co poza cielesnością.

Związani z najbliższymi,

Niewidoczni — swoją obecnością.

Będziemy dla nich w zasięgu ręki.

Z nimi. Będziemy bez bólu i lęku.

Zawsze.

Szukam

Ścieżki do jakiegoś szczęścia
(dookoła pusto, głucho, nijako).
Nie wiem, co to ma być:
Może czyjeś przywiązanie?
Słowo pociechy, słowo zrozumienia...
Ktoś coś nam podaruje? Może?
A my komuś radę, pouczenie i troskę
Co chociaż odrobinę uraduje
I chyba to bliskie tej ścieżki
Do małego naszego szczęścia.
Pomóż, prowadź, wesprzyj
Niepojęty, Wielki Boże.

Wrócę na chwilę

Tam, gdzie żyli przodkowie.

Oni są? Może cieszą się potomkami

Ich postawami?

Cokolwiek po nich ocalało, zostało –

Geny w nas.

Może też ich energia

Ukryta w naszej pamięci?

Zapisy o nich niematerialne?

A więc ślady ich samych,

pozostawił czas.

Obudź radość

Świat nie jest taki zły
Wiosną znów zakwitną bzy i jabłonie...
Potok coś powie.
Jaskółka: że jej pisklę wolność zdobyło,
Skorupkę porzuciło.
Co więcej — ona tylko wie.
Obudź radość.
Niech nie śpi w ukryciu - Piękna.
Ona chlebem i balsamem w życiu.

Nagle

Zostajesz z samotnością, w zgryzotach,

I znikąd zainteresowania,

Słów pocieszenia.

Podobnych sobie spotykasz.

Oni czasem w zadumie

Chodzą jakby bez celu.

Bez radości, bez gniewu i bez buntu.

W codzienności,

W absurdzie.

Boże

Na wszystkie sposoby ukryty,
Nie zostawiasz żadnego śladu, tropu,
Drogi ani żadnej ścieżki do siebie.

A my tu w cielesnej postaci
Czasem strapieni, sponiewierani,

Bezradni,

Szukamy idei istnienia. Ciebie.

Jedni drogę wiar wybierają – modlitwę.

W niej z nadzieją czekają.

Inni chcieliby znaleźć coś widocznego od Ciebie.

Niewydobyte myśli

Niezapisane kartki.
Niepowiedziane słowa.
Niezrodzone nadzieje i marzenia.
Zostają jak ziarna uśpione w suchym piasku.
Z czasem giną.
Bez trudu życia -
giną, bez śladu, bez echa.
Gdzieś rozrzucone, rozmyte,
Zmarnowane, nierozpoznane.

Myśli

Chodzą myśli i ludzie
Chodzą ludzie, chodzą myśli po świecie.
Drepczą lub gonią.

Myśli chodzą pod ramię
z troskami, zgryzotami i na przemian
z małymi i większymi radościami.

Ludzie gonią — z obowiązku, za chlebem.
Czasem brakuje im czasu na zamyślenie
wśród zwykłego chaosu dnia.

I tak lata lecą lub się snują.

A ludzie albo mają trochę radości,
Albo w niepowodzeniu się hartują.
Czy bez gniewu? Niekiedy się buntują.

Głowa zakuta

Otwarte drzwi, otwarte oczy,
a głowa jakby zakuta.
Nie widzisz dla siebie prawie nic,
miejsca, zajęcia — jesteś z pasji wyzuta.
Życie miałkie, czas płynie, dalekaś domu.
Nie ma czym się pochwalić, nie ma też i komu.
Gdzie były, gdzie są choćby przebłyski mądrości?
Czy wiesz, ile mieć w sobie godności, skromności?
Nierozpoznane dotąd — życia twego cel, twoje ja.
A to potrzebne, póki życie trwa.

Chodzi duszka po świecie

Dzień dobry - w nowym dzieciątku
zagości się aż do starości.
W radości i grzeszkach - mieszka.
Wreszcie do widzenia mówi,
gdy dawnych sił nie ma cienia.
I zostaje znów wolna.
Ciało stareńkie leży w grobie.
Duszka mówi: śpij,
idę w świat sobie.
Ile ma lat duszka?
Ile wcieleń?
Nie pytaj, bo nie powie.
Zatrzyma to w tajemnicy.
Nawet mądrali - sowie nie powie.

Kokon

Kokon — ucieczka przed zagładą,
ucieczka od zła.

Kokon to mur powstały z obaw, izolacja.

Ratunek — ale bez możliwości sprawdzenia siebie.

Zamyka nas w swoim świecie, w półmroku.

A chwila z ludźmi przegadana

Może obalić wyrosłe w nas lęki,

Może czemuś zaprzeczyć,

nad czymś nakazać zadumę.

Coś może w nas obudzić,

Gniew na los ostudzić.

Oczekiwanie

Mimo małych już sił,

Z resztkami zdrowia,

Z niewiadomą wielką,

Co jutro przyniesie:

Idę. Wypatruję nieba osłody.

Ono niech zachowa

Choć odrobinę ciepła i jasności,

Coś z nadziei ożywienia.

Dopłynąć do mety

Dopłynąć do mety

Ostrożnie, dno –

głęboko

Do brzegu – nie blisko.

Niebo obserwuje.

Przez chwilę rozjaśnia się,

To znów szarością się mieni.

Gdzie deska ratunku –

Z nią na spotkanie...

Chwilka

Niebo dla wszystkich
Jednakowo łaskawe,
Jednako dalekie.
Rośliny milczą – i cieszą.
Idą przechodnie.
Nikt nie płacze,
Czasem radość zobaczysz.

A niebo

Skrywa niepojęte granice kosmosu

I wydarzenia w przestworzach.

Stąd czasem groza i nawałnice,

Pioruny i gromy.

Ginie człowiek rażony.

Pan ziemi.

Ktoś płacze, ktoś zdziwiony.

Los człowieczy ku ziemi się kłoni.

Nadzieja i wiara

Coraz ktoś z bliskich odchodzi,
Zostaje samotność
I wyłącznie nadzieja:
Tam? – może coś życie osłodzi.
Tu? – modlitwa podporą.

Sens chwili

Może uciekać przed bólem pustki
Nie na koniec świata,
Ale do rozumnej perswazji.
– Czyjejś? Swojej?
Przecież darów piękna przyrody
I darów uczuć tak wiele mamy.
Dzielić się nimi – to sens chwili.
Czy tak to postrzegamy?

Uciekać

Uciekać od pustki.

Do kogoś drugiego,

Do spojrzenia, słowa, zrozumienia.

Do zauważenia.

Pępowina

Opiekę dziecka uśmiech wynagradza.

Matczyne serce

Dyktuje najlepiej.

Dar wzajemności

Szczęściem czułości

Niezastąpionym.

Jak w dżungli

Jak w dżungli
W głowach zło i dobro.
Co okrutne, podłe, bolesne,
Ale i co piękne, mądre, wspaniałe.
Na świat przychodzi mała,
Czysta – jak płatek śniegu – dziecina.
Zaraz rozglądać się zaczyna:
Co, po co, kiedy dlaczego?
Bez kompasu, ścieżki, drogi i idei...

URODA ŻYCIA

Dla kogo niebo?

Sponiewierani, upokorzeni,

Skrzywdzeni i w bólu.

Do kogo, po co z tym iść.

A przecież nad nami wielka, tajemnicza przestrzeń —

Niebo:

Oczy szukają ratunku,

Miejsca dla zostawienia troski,

Odbudowania godności,

Odzyskania ufności.

Jak otwarte ramiona otworzy,

Matczynym ciepłem obdarzy,

Z goryczy serce odtruje

Ta Przystań.

Złudzenie, sen

Prawdziwy stan czy sen,

Bo skąd dla mnie...?

Serce dawno się umiarowiło

Bez zauroczeń, zgrzytów –

Aż coś je olśniło.

Tym razem bez analizy słów:

One kluczem do zachwytu,

Do ułudy –

Ktoś obok jest!

Ze mną patrzy, myśli, czuje,

W świadomość wpisany.

Aż nie do wiary:

Dotąd przecież nieznany.

Droga myśli

Myśli lecą przestrzenią nieznaną.
Są pewnie jakieś ich drogi.
Znajdują adresata
Bez jego w tym udziału.
Wysyłam je śmiało, bez obaw.
Docierają.

Na stare lata

Na stare lata
Niepotrzebne już dorodne ciało
I ząb czasu je zgryzł.
Potem psyche równoważyć to zdoła.

Na szybach zimą

Zimą, gdy mróz,
Na szybach liście i kwiaty.
A skąd ich wzory?
Roślina w ziarnach wzory mają.
A czysta woda
Genów nie ma.
To mróz układa atomy wody –
A może też bierze z powietrza –
we wzory.

Zejście i zostanie

Odchodzą w nieznane,
Wielką tajemnicą okryte.
Czy tam pięknie?
Nie ma kogo pytać.
A gdy serce się zatrzyma
Myśl - dusza w przestworzach będzie?
Tam – królestwo jakieś Boże?
Chcę wymodlić łaskę powrotu
Do najbliższych tu, na ziemi.

Dookoła

Świat udekorowany.

Rośliny w bogactwie

Barw, form, kształtów – cieszą.

Bez głosu przyjaznego

Pusto i głucho.

Przychodzi niechciana samotność.

Czas

A nam czas, zgodnie z jego prawem,

rzeźbi twarz.

Powstają : kreski, rowki i gałązki.

To zaskakuje nieraz.

A i też coś nowego powstaje w nas.

Bańka mydlana

W kolorowej bańce mydlanej
powstają na chwilę
dziwne niekształtne obrazy,
nieforemne, nierealne.
Zadziwiają.
Swoją innością się podobają.
W kolorowej bańce mydlanej
coś z fantazji i tęsknoty.
To odtrutka na szarość dnia
i jego kłopoty.

Toast

Sto lat w pomyślności i szczęściu.

Tak od zaraz dla każdego?

Może poczekać trzeba:

na pomyślność,

na kogoś bliskiego.

Na uzależnienie od niego?

To zniewolenie.

Tak – na zniewalającą miłość

przez czas bliżej nieokreślony.

Ale oczekiwany, gdy kochamy.

Co będzie

O tym co kiedyś będzie.
Myśli, wyobrażenia – w uśpieniu.
Dla ateisty – zbędne patrzenie
w czasu dal.
Świat niepoznany, niepoznawalny
- agnostyk powie.
Tymczasem kiedyś:
ciało tu zostaje,
a myśl – duch jak wolny ptak
poleci nie wiadomo gdzie?

W zadumie

Przychodzi chwila z pytaniem.

Czy to co mamy bliskie szczęścia?

Do kogo iść i pytać o zdanie.

Bo nad nami jest przestrzeń.

Dyskretna, w ciekawości nienachalna.

- Niebo:

Milczy, czuwa

i nie zdradza żadnej reakcji

na kłopoty, bóle i trwogi.

Niebo sprzymierzone z czasem trwa.

Nieznane.

A co od bram nieba

Może?
Półcienie z jasnością dookoła,
Coś z podobnych górzystych przestrzeni?
Chwilami w białej mgle?
Szata roślin zadziwia.
I zapach kwiatów, zbóż, siana.
Miłe nieśmiałe śpiewy
W oddali głos cicho woła.
Do Ciebie może te słowa.

U schyłku dni

Oczy nie widzą, co mogłyby widzieć.

Uszy nie słyszą— głos nie dociera.

Myśl nie ogarnia światła i cienia

każdego przedmiotu — sensu istnienia...

Mrówki biegną bez namysłu.

Z góry są pewne, po co to wszystko,

aż do kresu swych dni.

Znękane ludzkie głowy

niewiele rozeznają w rozterce.

Niebo pytać zaczynają

o sens niejednego w świecie przeznaczenia -

o sens zła, biedy i cierpienia.

Choć odeszli...

Wśród żywych ich nie ma.
Słowem nie powiedzą nic.

Przywołani pamięcią,
Coś mogą przekazać,
Coś powiedzieć,
ich dawne gesty i wyrazy.

Trzeba do nich wracać.

Po nich, o nich zostały zapisy w naszych głowach.

Z pamięcią o nich jesteśmy jakby mniej samotni.

Z tą pamięcią— może do nich podobni?

Modlitwa

Boże, wskrześ cele i siły dla nich,
nowe i wielkie.
Już niewiele dni mi zostało.
Wiele z tych, które miałam, na niczym minęły.
Ile ocalało?
Chyba było mi trzeba coś więcej zostawić po sobie,
za dużo dotąd myślałam „o chlebie".
A przecież życie nie na tym miało polegać.
Chciałam nie tylko zbierać, ale i dawać od siebie.
Boże! Wesprzyj moje marzenie,
by ślad dobry po sobie zostawić na ziemi.

Gdy wiek dobiegł

Gdy wiek dobiega sześćdziesiątki
słodka cisza powstaje.

Dumasz, wspominasz i rozumieć zaczynasz
świat i życie,
jego porządki i nieporządki.

Nie pusto w ciszy ci wtedy —
przestrzeń wypełnia zastanowienie
nad własnym miejscem tu na ziemi.

Szukasz wreszcie uroku, w tym,
czego dawniej dostrzec nie zdążyłeś.

Masz więcej czasu, otwarte ucho i oko,
by przyjrzeć się temu, co było.

Los myśli i serca

Przez lata życia serce pracuje,

Przez lata jakieś myśli w głowie się rodzą

(niekiedy do rozumu ludzie dochodzą).

Serce życiodajną krwią ciało wspiera.

A myśl krążąc po głowie, czasem w słowa się ubiera.

I tak to trwa i trwa.

Aż w pewnej chwili serce zastyga w bezruchu.

O losach myśli nic się nie mówi — głucho.

Przecież do ostatniego tchnienia one gdzieś krążyły.

Czy wraz z ustaniem tętna same się zniszczyły?

A może one powędrowały gdzieś sobie. Dokąd?

Ty może wiesz, coś jest w Niebie,

Może myśli umarłych też biegną do Ciebie?

Ci, którzy odeszli

Ci, którzy odeszli, z powłoki ciał swych uwolnieni —
z trosk są wyswobodzeni.
Nie muszą starać się o względy,
sympatie, o codzienność, towarzystwo —
To już za nimi wszystko.
Gdzie są dzisiaj — okrywa tajemnica.
Kto wie, jaka jest dziś forma ich życia.
Może ich duch opiekuńczy czuwa nad nami —
Bliskimi im istotami?
Może przestrogę nam daje —
pomaga w trudach i dylematach.
Może słuchać go trzeba, teraz — a także po latach.

Na granicy

Miejsce zetknięcia ziemi z niebem — horyzont.

Pozorne miejsce, bo ruchome.

Byłoby dobrze, gdyby z życiem tak było:

gdy „ciałko w deskach", myśl,

duch — gdzieś w przestrzeni.

Łatwiej jest myślom, duchowi zawierzyć przetrwanie.

Filmowy zapis uwiecznia aktorów.

Czy tylko oni (bo na taśmie) zostają?

Na ekranie ich widzisz, po odejściu — chodzą, grają.

A jeśli ciebie taśma filmowa nie utrwali, nic z ciebie nie zostanie?

Wolę wersję: nie cała odchodzę.

Zostaję w jakiejś części.

Tą myślą sobie czas na do widzenia słodzę.

Spis treści:

WSTĘP

NIEPOJĘTE – NIEPOZNANE

W zaświatach

W przestworzach

Co po nas

1 listopada

Modlitwa i myśli

Niebo

Mój Boże

Do Boga

Przetrwałam

Niebo, daj

Dziękuję Ci, Boże

MYŚLI – NAJSPRAWNIEJSZE SKRZYDŁA

Wspomnienia

Opuszczone gniazdo

Mama

Człowieka wybrać

Na drogę życia

List 1

Zielona pycha

Modlitwa Matki

List 2

Gdybym miała skrzydła

Modlitwa

Rada dla młodych

List 3

Zdjęcia tych co odeszli

Nieprawdopodobne…

Do Was – po drugiej stronie

Oczekiwana chwila

Gniazdo

A MOŻE KOCHAĆ

A może kochać

Do kogo dzwonić

Matka

Idę

Brakło troski

Mydlane bombki

List do odchodzącego już Brata

Tęskno mi

List do Matki

Do tamtej ziemi...

Bez laurów

Tęsknoty

Odeszła Mama

Wieś

Milutkie starutkie lata

NATURA PRZEMAWIA

Natura przemawia

Ścieżka deptana

Wiatr biegnie

Jak nie dostrzegać

Wichry

Wiosna –nadzieja

Przyroda

Niebo i łąka

Polna droga

W ciszy lasu

Nadchodzi zima

Kwiaty

Płatki śniegu

Drzewa

Niebo

MYŚLI NIE LEŻĄ SPOKOJNIE

Nie kamyki

Szukaj życia

Do słowa

Marzenia bez granic

Wspomnienie przed Wigilią

Muzyka i przyroda

Uśmiech i kwiat

Kocham

Ślub

Szczęście

Dla nas

Rozsypały się marzenia

Idę

Dla kogo i po co

Ziemia – matka

Cisza

MYŚL TWOJA NIE BĘDZIE SAMA

Szarość dni

Nadal dla nas

Szukam

Wrócę na chwilę

Obudź radość

Nagle

Boże

Niewydobyte myśli

Myśli

Głowa zakuta

Chodzi duszka po świecie

Kokon

Oczekiwanie

Dopłynąć do mety

Chwilka

A niebo

Nadzieja i wiara

Sens chwili

Uciekać

Pępowina

Jak w dżungli

URODA ŻYCIA

Dla kogo niebo?

Złudzenie, sen

Droga myśli

Na stare lata

Na szybach zimą

Zejście i zostanie

Dookoła

Czas

Bańka mydlana

Toast

Co będzie

W zadumie

A co od bram nieba

U schyłku dni

Choć odeszli…

Modlitwa

Gdy wiek dobiegł

Los myśli i serca

Ci, którzy odeszli

Na granicy

Barbara Bukowska

Barbara Bukowska, urodziła się w 1931 r. w Mrzygłodzie koło Sanoka. Absolwentka Wydziału Zootechniki Szkoły Głównej Gospodarstwa Wiejskiego (obecnie Akademia Rolnicza) w Warszawie. Ukończyła też studia podyplomowe na Wydziale Finansów Szkoły Głównej Planowania i Statystyki (Szkoła Główna Handlowa), również w Warszawie. Tutaj też mieszkała od 1950 roku. Pracowała w urzędach centralnych, a następnie w instytutach naukowych przemysłu spożywczego. Ma na swoim koncie szereg własnych opracowań zawodowych, niektóre z nich były publikowane. Natomiast pisanie wierszy „dla siebie" i obserwowanie małych chwil poprzeplatanych w szybko przemijającym życiu, było jej wielką pasją.

Beata Poźniak

Wyróżniona przez Washington Post za nagranie najlepszego audiobooka roku w USA, dzięki czemu została nie tylko pierwszą Polką, ale pierwszą nieanglojęzyczną aktorką, które zatrudniło największe anglojęzyczne wydawnictwo literackie na świecie – Penguin Random House. Za „Drive Your Plow Over the Bones of the Dead" Olgi Tokarczuk zdobyla 2019 Earphones Award. Za „Libretto for the Desert" otrzymala Miedzynarodowa nagrodę Marii Konopnickiej i nominacje do Voice Arts Awards. W Polsce jako aktorka zadebiutowała w serialu "Życie Kamila Kuranta", a w USA u Olivera Stone'a w wielooskarowym filmie "JFK" grając żonę Gary'ego Oldmana. Pamiętana jest z teatru tv grając Ofelię w "Hamlecie we wsi Głucha Dolna" (Złota Setka Teatru TV) czy z seriali: "Kroniki Młodego Indiana Jones", "Złotopolscy", "Melrose Place", "Szaleje za Tobą" czy też "Babylon 5" gdzie zagrała Pierwszą Kobietę Prezydenta świata. W Stanach Zjednoczonych zapropononowała wprowadzenie ustawy obchodzenia Dnia Kobiet (H.J.R. 316) za co została wyróżniona przez Burmistrza Los Angeles i w Kongresie USA. Film "All These Voices" w którym zagrała, zdobył Studenckiego Oskara. Pisze i maluje. Wykorzystuje swoje rzeźby i obrazy do filmów eksperymentalnych - video art, które są pokazywane w światowych galeriach.

www.ingramcontent.com/pod-product-compliance
Lightning Source LLC
Chambersburg PA
CBHW031118080526
44587CB00011B/1026